T0131626

b'fuddled

B.B. Brammer

Also by B.B. Brammer:
Links to Logic

b'fuddled Volume 1

b'fuddled

Mind Gymnastics Ages 9–99

Volume 2

B.B. Brammer

Archway Publishing books may be ordered
through booksellers or by contacting:

Archway Publishing
1663 Liberty Drive
Bloomington, IN 47403
www.archwaypublishing.com
844-669-3957

Interior Graphics/Art Credit: Clara Steege

ISBN: 978-1-6657-2383-1 (sc)
ISBN: 978-1-6657-2382-4 (e)

Library of Congress Control Number: 2022909121

Print information available on the last page.

Archway Publishing rev. date: 07/29/2022

To puzzle lovers everywhere,

Remember the word *conundrum* because the meaning of this word will *b'fuddle* your mind— as will the puzzles in this book. No one can be bored when there's a puzzle to solve.

Acknowledgments

This manuscript exists with help. I give
special thanks to the following:

Helen Wilson, my English grammar specialist, for
correcting the directions so they don't end in a conundrum!

Sharon Scott, a fellow writer and puzzle
enthusiast I met by chance, for spending an
abundance of time correcting all 150 puzzles.

Mindi Wood for transforming the scribbles and
eraser marks into ready-to-play puzzles.

Izzy Kersley for using her artistic talent to
create this book's beautiful cover!

Clara Steege for drawing oodles of doodles
and creating the adorable title page!

Puzzability, a puzzle company in New York, for reviving
the long-forgotten Japanese puzzle Tentaizu.

Contents

Introduction

The original inventor of this Japanese puzzle is unknown. Puzzability, a puzzle company in New York, revived this game under the name Tentaizu, meaning "celestial map." Many years have passed since the Tentaizu puzzle's revival in the late 2000s, yet my desire to continue the game has been ever present. Puzzles were written on whatever scraps of paper I had at the time, from spiral notebooks to hotel pads. I've added my own flair to the original puzzle, combining *Minesweeper,* sudoku, and Tentaizu for the ultimate befuddling challenge.

These puzzles were generated by a
puzzle aficionado. No robots here!

B'fuddled puzzles are useful in developing skills, such as

- math sense
- process of elimination
- reasoning
- logic
- analysis
- visual acuity
- finding a finite set
- math coordinates

1
The Task

B'fuddled is played on grids. The number on the grid provides clues that will lead to your answer. Each number in a cell indicates how many dots are next to it in adjacent cells. Dots can be found in the boxes surrounding the number horizontally, vertically, or diagonally. No dots touch a cell with the number *zero*. Your task is to determine the position of the dots.

You can play on three sizes of grids:

- four-by-four boards with sixteen cells; find three dots
- six-by-six boards with thirty-six cells; find seven dots
- seven-by-seven boards with forty-nine cells; find ten dots[1]

Discovering the rules as one goes can be invigorating for some. If you like the challenge of attempting a puzzle without further explanation, feel free to continue to the main puzzles.

---

[1] Seven-by-seven puzzles may have a hidden star (★). For more information, see chapter 3.

2

Facts

In these puzzles, coordinate means that a pair of letters helps to uniquely determine the position of a certain reference point. Only the numbers *zero* to *four* are used in each puzzle. No dots touch a *zero* horizontally, vertically, or diagonally. Only three, seven, or ten dots are allowed in each puzzle, depending on the board you choose. A *zero* can have a number next to it, but *no dots.*

For example, cells touching a *three* may only have that number of dots surrounding it.

Number	Number of Dots
Zero	Zero
One	One
Two	Two
Three	Three
Four	Four

3
Hidden Star

A hidden star may be found only on a seven-by-seven board. Hidden stars can be found on the edge, in a corner, or somewhere inside the grid. They are only found if your completed puzzle renders nine dots. The star is the tenth. Find the center of each area grid. All stars are surrounded by empty cells.

Stars can be found inside two-by-three, two-by-five, two-by-seven, three-by-three, or three-by-five grids. Here are some examples:

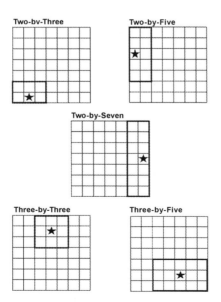

4

Hints

<u>Always use a pencil with an eraser!</u> For *zeros*, cross out all the adjacent cells. *Zeros* are helpful because crossing out the cells gives a visual cue to the player. For example:

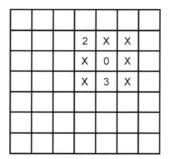

Sometimes it's helpful to begin in the center or a corner. Or you might choose to start with the higher numbers (*three* or *four*).

A dot can serve one number or several. Remember to move your dots around until there is only one solution. A seven-by-seven board might work with eight dots, but the puzzle isn't correct until you have ten dots.

Try solving the practice puzzle in the next chapter. If you have the hang of it, you can disregard further instruction pages. If you are still befuddled and would like further guidance, please continue to chapter 6.

Practice Puzzle

Practice Puzzle

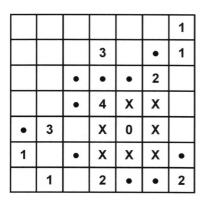

						1
			3			1
					2	
			4			
	3			0		
1						
	1		2			2

Solution

						1
			3		•	1
		•	•	•	2	
		•	4	X	X	
•	3		X	0	X	
1		•	X	X	X	•
	1		2	•	•	2

6
Use of Coordinates

In these puzzles, a coordinate means that a pair of letters helps to uniquely determine the position of a certain reference point. Using math coordinates will help with the step-by-step explanations in chapter 7. To find the coordinates, you must use the horizontal x-axis and the vertical y-axis. Mathematically, the x-axis moves across the bottom edge of the puzzle, first. The y-axis moves up the left edge second. In this exercise, the x- and y-axes refer to the cells themselves, not a corner of a cell.

The first letter of the coordinate moves across the x-axis. For example, the C in (C,d) refers to the third column from the left. The second letter within the parentheses moves up the y-axis. This means that the d in (C,d) refers to the fourth row from the bottom.

Naming the numbers in the cells looks like this:

The *three* is in cell (C,d).
The *two* is in cell (D,b).
The *zero* is in cell (B,a).

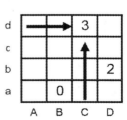

7
How to Solve, Step-by-Step

	A	B	C	D	E	F	G
g		1				2	
f			2			3	
e			0				1
d			3	3		2	
c					3		
b			4				
a							

First, mark the empty cells surrounding the *zero* with an *X*. Never mark the cells that have numbers.

	A	B	C	D	E	F	G
g		1				2	
f		X	2	X		3	
e		X	0	X			1
d		X	3	3		2	
c					3		
b			4				
a							

Next, look for a grouping. Work one group at a time. In the grid to the right, the *one* in (B,g) and the *two* in (C,f) share a connecting cell: (C.g). A dot here would complete the *one* and assist the *two*. Place a dot diagonally from the *two* in (D,g) to complete this grouping. Now, two dots touch the *two*.

	A	B	C	D	E	F	G
g		1	•	•		2	
f		X	2	X		3	
e		X	0	X			1
d		X	3	3		2	
c					3		
b			4				
a							

Share dots! In this grid, the *two* and *three* share two dots: (E,g) and (E,f). Notice that the two dots touch the *two*. So far, only two dots are shared with the *three*.

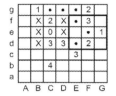

In this grid, a dot in (F,e) touches the *one*, *two*, and *three*. This move completes the *three* and the *one*. Add a dot in (E,d) to finish the *two*.[2]

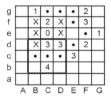

In this grid, sharing dots between the *three* in (C,d) and the *four* in (C,b) is accomplished by the three dots shown below the *three* and above the *four*.

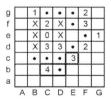

Finally, check your answers by counting the dots. We only have nine. This seven-by-seven grid needs ten dots to complete the puzzle. The *four* in (C,b) is missing a dot, and so is the *three* in (E,c). That dot is in (D,b).

---

[2] If you had placed the dot for *two* in (G,d), the *one* would have illegally had two dots.

Happy Puzzling!

PUZZLES

4 x 4
PUZZLES
(Locate 3 Dots)

1)

	2		
2	3		
		2	

2)

		1	1
1	2		
2		2	

3)

			1
	0		
1		3	2
		2	

4)

2			0
	2	2	
1			

5)

			2
	3		
	2		
0			

6)

		1	1
		2	
2		3	

7)

	1		
1	2		1
			2
	2		

8)

		2	
			1
		3	
	1		

16

9)

2			
		2	
1	1	0	

10)

		2	
	0		
	1		1

11)

1			
		3	
2			

12)

	1		1
	1	1	
1	2	2	

13)

1	1		
	2	1	
		2	1
			1

14)

1			
			2
	2		
			2

15)

			1
		3	
		3	1

16)

	1		
1		2	
	3		
1			

20

17)

	1		
2			1
	2	2	

18)

	2		1
2	3		
	1		
1			

19)

1			1
	1	1	
1	2	2	
	1		1

20)

	2	2	1
1			
			2

21)

			1
		2	
	1	3	

22)

	2		
		1	
	2		
		1	

23)

1			1
		3	
			1
		1	

24)

			1
			1
		3	
2		2	

25)

	2	3	2
		3	

26)

	2		
		0	
			1
		1	

27)

	2		
	3	2	

28)

		0	
	3		
2		1	

26

29)

2			
3		1	
	1		

30)

1		1	
	3	1	
	2		

31)

			1
	2	1	
1	1		1

32)

2			
	3	2	1
			1

33)

			2
		3	3
		1	

34)

	2		
		3	2
			1

1)

•	2		
2	3	•	
	•	2	

4)

2	•		0
•	2	2	
1			•

2)

		1	1
1	2	•	
	•		
2	•	2	

5)

		•	2
	3	•	
	2	•	
0			

3)

			1
	0		•
1		3	2
	•	2	•

6)

		1	1
		2	•
2	•	3	
	•		

7)

•	1		
1	2		1
		•	2
	2	•	

10)

		2	•
	0		•
	1	•	1

8)

		2	
	•	•	1
	•	3	
	1		

11)

1			
	•		
	•	3	
2	•		

9)

2	•		
	•	2	
•			
1	1	0	

12)

	1	•	1
	1	1	
1	2	2	
	•	•	

31

13)

1	1		
•	2	1	
	•	2	1
		•	1

16)

	1		
1	•	2	
	3	•	
1	•		

14)

1			
	•		2
	2	•	•
			2

17)

	1		
2	•		1
•	2	2	•

15)

			1
	•	3	•
	•	3	1

18)

•	2	•	1
2	3		
•	1		
1			

19)

1			1
●	1	1	●
1	2	2	
	1	●	1

22)

	2		
●	●	1	
	2		
		1	●

20)

	2	2	1
1	●	●	
		●	2

23)

1	●	●	1
		3	
		●	1
		1	

21)

			1
	●	2	●
	1	3	
			●

24)

			1
		●	1
	●	3	
2	●	2	

25)

	2	3	2
	●	●	●
		3	

28)

●		0	
●	3		
2	●	1	

26)

●	2		
●		0	
			1
		1	●

29)

2			
●	●		
3		1	
●	1		

27)

	2		
	●	●	
●	3	2	

30)

1		1	
	●		
●	3	1	
●	2		

31)

●			1
●	2	1	●
1	1		1

33)

			2
		●	●
		3	3
		1	●

32)

2			
●	●		
	3	2	1
		●	1

34)

	2	●	
	●	3	2
		●	1

Create Your Own Puzzles

Create Your Own Puzzles

6 x 6

PUZZLES

(Locate 7 Dots)

35)

2				2	
		3	2	3	2
3	4			1	
1					

36)

	1		2		
	1				
	2		4		3
2		3	3		
2		3			

37)

		1		2	
1	2		3		
	2				
		2	3		1
			3		
	2		3		1

38)

				2	
1		2	3		
		1	2		2
1				1	
	2		3	1	
	2				1

39)

1	1			2	
2					
				3	0
		4		2	
	1				
0		1			

40)

2		2			1
			3		
	1	2			1
		2	2		
		1	1		

41)

			1		
			2		
		2	3		2
	0	2		4	
	2		2		

42)

0					0
	2		3	1	
		3			
	1		3		2
		1		3	

43)

				2	
		3			0
		4		3	
		4			1
			2		

44)

				2	2
	1	1	2	3	
			4		2
	2				1
			3		

45)

1		3			
		3			
1		3	2	2	
1					1
		3		2	
	2				1

46)

1	1				1
		1	4		
		1			4
			3		
					2

47)

2		2		2	
		2	3		
		1	2		2
1			1		
	2				
1	2				

48)

					2
			1		
				4	
		3			2
			1		

49)

			0		
1	1			3	
	2				2
		2	2		
		2	1	1	
1		1		1	

50)

		2			1
				2	
		4	3		2
	2			1	
		2			1
	1				

51)

1		1			
	3	2		1	1
	2		4		3
1					
		1		3	

52)

	2				1
1				2	
		0			3
		2	4		
				2	

53)

1	1		2		1
		3			1
			4		
		2		3	
					1
				2	1

54)

					1
				4	
		3			0
		3		3	
		3		3	

55)

		0	3		
1				2	2
1	1		1	2	
		2		2	

56)

		2			1
				2	
0		3	3		1
				1	
	3		2	1	
2		2			

57)

		0	3		3
	2				
			4		
		2	3		

58)

			3	2	1
1		3			
	2			4	
					0
	1	2			

59)

1					1
				3	
2		4		3	
	2				
	3			0	
1		1			

60)

		3			
	3	4			
			1		
1					
					3

61)

				1	
	2			2	2
		3	3		
		2			
			3		1
			2	1	

62)

	1		1		
		3	3	2	1
1					2
		4		4	
					1
1		2		1	

63)

2		2			
	4				
	3		3		
	1	2			
		2	2		
		1	1	1	

6 x 6
ANSWERS

35)

2			●	2	●
●	●	3	2	3	2
3	4	●		1	●
1	●				

36)

	1		2		
	1	●		●	
	2		4	●	3
2	●	3	3	●	
2	●	3	●		

37)

		1	●	2	
1	2		3	●	
●	2	●			
		2	3		1
		●	3	●	
	2	●	3		1

38)

			●	2	
1		2	3	●	
	●	1	2		2
1				1	
	2	●	3	1	
	2	●			1

39)

1	1		●	2	
2	●		●		
	●		●	3	0
		4	●	2	
	1	●			
0		1			

40)

2	●	2			1
	●				
		●	3		
	1	2	●		1
		2	2		
	●	1	1		

41)

			1		
		●	2		
		2	3	●	2
	0	2	●	4	●
			●		
●	2	●	2		

44)

				2	2
				●	●
	1	1	2	3	●
		●	4		2
	2	●	●	●	1
			3		

42)

0		●			0
	2	●	3	1	
		3	●		
	1	●	3		2
				●	●
		1	●	3	

45)

1		3	●		
	●	3	●		
1		3	2	2	
1			●		1
	●	3		2	●
	2	●			1

43)

			●	2	
		3	●		0
		4	●	3	
	●	4	●		1
	●		2	●	

46)

1	1				1
●				●	
		1	4	●	
		1	●	●	4
			3	●	●
					2

47)

2		2	●	2	
●	●	2	3	●	
		1	2	●	2
1			1		
●	2				
1	2	●			

48)

					2
			1	●	●
	●			4	●
	●	3		●	2
	●		1		

49)

			0		
1	1			3	●
●	2		●	●	2
	●	2	2		
●		2	1	1	
1		1	●	1	

50)

		2			1
		●	●	2	●
	●	4	3		2
	2	●		1	●
		2			1
	1	●			

51)

1	●	1			
	3	2		1	1
●	2	●	4	●	3
1			●	●	●
		1		3	

52)

●	2	●			1
1				2	●
		0		●	3
		2	4	●	
		●	●	2	

53)

1	1		2		1
	●	3	●	●	1
		●	4		
		2	●	3	
			●	●	1
				2	1

54)

			●	●	1
			●	4	
		3	●		0
		3	●	3	
		3	●	3	
			●		

55)

				●	
		0	3	●	
●				●	
1				2	2
1	1		1	2	●
	●	2	●	2	

56)

		2			1
		●	●	2	●
0		3	3		1
			●	1	
●	3	●	2	1	
2	●	2			

57)

				●	
		0	3	●	3
	2			●	
	●	●	4	●	
		2	3	●	

58)

		●	3	2	1
1		3	●	●	
●	2		●	4	
	●		●		0
	1	2			

59)

1					1
	●		●	3	●
2		4	●	3	
●	2	●			
	3			0	
1	●	1			

62)

	1	●	1		
		3	3	2	1
1	●		●	●	2
		4		4	●
	●		●		1
1		2		1	

60)

		3			
	●	●	●		
	3	4			
	●		1		
1				●	●
				●	3

63)

2	●	2			
●	4	●			
	3	●	3		
	1	2	●		
		2	2	●	
	●	1	1	1	

61)

				1	●
	2	●		2	2
	●	3	3	●	
		2	●		
			3	●	1
		●	2	1	

Create Your Own Puzzles

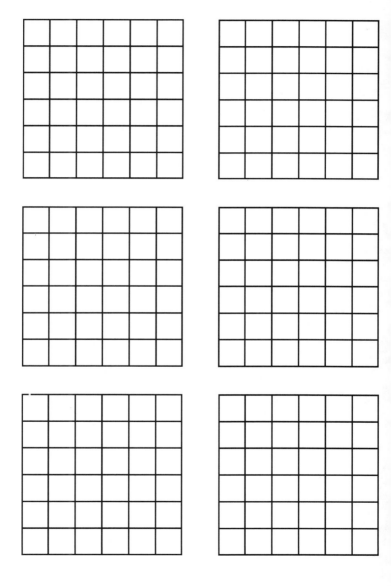

7 x 7

PUZZLES

(Locate 10 Dots)

64)

		2		2	2	
1						
	3		4			
	1					
		4		3	0	
	1		2	2		

65)

		3	1			
				2		
1			3			
		0			4	
				2		2
3		1		1		
	2	1				

66)

			0			
		2		3		
			2		2	
1			3			
				2	2	1
					4	
						2

67)

1	2			1		
		4				
				3	0	
		2			3	
		1	2			
					4	
					1	1

68)

		2				1
			2	2	1	
	3	3	3		1	
	3		4		2	
	1					1
1	1	1	2		2	

69)

1			1			2
		1		2	4	
	2		1		2	
		1				1
		3				1
1						
		3		2		

70)

		1			2	2
	2					
			3			3
					1	1
	4		3			
		2				

71)

			3		1	
1		3		4		
2			0			
2		4		3		
			3	2		

72)

2		2				
					2	
			3	4		3
			1			
		1	1		3	
				1		1

73)

			1		3	
1	2					2
	3			2		
			3			
					3	3
	1	1				

74)

1					2	
				1		1
	2					
		3		2		1
	0	1	2		2	
				3		

75)

	1		3			
	3	4				
2			3	3		
		4				
3			0	2		
	2					

76)

2						
2				0		
		1			3	2
1		1	2			1
		1			4	
					4	
						1

77)

		1			1	
	2		3			1
					2	
	3		4			1
1				1	2	2
		3	2		1	
1			1			

78)

		0				
			3			
1						2
	3			4		
	3	3		3		2
2		3				

79)

				3		1
			4			1
	2	0			3	1
		2		2		
1					1	
				1		

80)

	1					1
2		2		1		
	2					
				4		1
					3	
	2		2	2		
2						1

81)

1			1			
2						
		3				
	3		0			
	2			4		3
		2				2
1				2		

82)

			1		1	
		3		3		2
1			2			
	2	3		3		
		3			0	
1				3		
		2	1			1

83)

1				2		
1			3			
		0	2		3	
	3					2
2				2		
	1					

84)

			1		1	
1		3		2		1
					1	
		3				2
	0		1	3		
	2			3		
1						1

85)

				1		
			1		0	
	4				2	
1	3					1
	3		4	2		
			3			
	2		2			

86)

1						
	3		2		1	
2			3			2
			4			
		0				
					3	1
				2		

87)

	2					3
		4	2	1	2	
		1		1		
1			2			
	1				1	

88)

					2	
						1
1			3		3	
			4			
	4		3		1	
						2
1		1				

89)

1	2	1				
	3					
		3			2	1
				3		1
1		2	1			1
		2				
1			2		2	

90)

		4				
				0		
						1
			3		2	
		2		2		
	2	1				

91)

	1	2	1	1		
1				2	0	
					2	
2						1
				4		
2					2	
			3		2	

92)

1				1		
1	1		3	3		
					2	
		2		4		
			0			
3		4	1			

93)

1		3	3	2		
		4				
		3				
				3	0	
1						
						1

94)

1						2
	3					3
1			2			2
		3				
2		3				1
				2	1	1
1						

95)

					2	
			2			
	2			2		2
			4			1
		3		4	2	
	0					
			2	3		

96)

		2			1	
1			4			
					2	
1		0	2		3	
1						2
	1		1	3	4	
						2

97)

1				2		3
			0			
	2	2				
					2	
	3	3		1	2	
	1		2		1	
				1		

98)

				1		
		2	4			
					2	
0	2		4			
		1			1	
1		1	2	3		
			2			

99)

1		1				
		2		3		1
4						
				2		1
2		3		1		
			2	2		

100)

1				2		1
		2		3	1	
	1			3		
	1		2			
				3		
		2				
			2			1

101)

1			0			1
		2		3		
1					2	
			3			
	2			2		
		1	2		4	3
1						1

102)

	1					
				3		
	2		3	4		3
			3			1
	2		3	1		

116

103)

	1	2	1			
2				2		
	2	3				
		2				
1					0	
		4		4		
	1	3				1

104)

	1	2	1		1	
		2		2		
					1	
1		2				
	3		2		0	
				3		
		3			2	

118

105)

	1	2				
	2		3	4		4
			3		3	
	2			1		

119

106)

		3	1	1		
2			3			
			3		4	
	1		2	2		
	1					2
1		2				
	1		1			

107)

		2	1			
		4		2		
2	4				1	
1				3	2	
			4		3	1
		0				
			1			

108)

		1	1			
	0					
		3				
			4		1	
		2		2	2	
			3	4		
		1				2

109)

		2				
			3			
2				0		
3		4			4	
2						2

110)

0						
	4			2		
	3				3	
	2			3		
	1	1			2	
		1				
	2					

111)

2	3					
				2		
		4				
			2		4	2
	1	2		3		

112)

		3		2		
2			1			
				4		3
				4		
1		2		4		
			1			1
	1				1	

113)

						2
	0			2	4	
	1		2	1	2	
			3			
	1	2				1
2				1		
					1	

127

114)

		2				2
			2			
		4	4		4	
					3	
1			4			1
		0		1		

115)

			4			1
				3		
	1				1	
			0			2
2		3				
				1		
	2		1			

116)

				1		
		1	2		2	
				4		
1	2					2
		3	2			2
					3	
1			1			2

117)

0			1	1		
		1				3
		1	2			
					3	
	2		4			1
1		3				1
1			2			1

118)

				4		
			0		1	
	3	2				
	2		2			2
				2		

119)

			2			
					4	
		1				1
	2		3			
1						
		3		1		
1			1			2

120)

1				1	1	
						1
	2	2		2		
	3					
	4		4		3	
		0			3	1

121)

1		2				
	1			3	1	
		2			2	
	3				3	2
2			2			
				0		

122)

	1	2		1		
1		2			1	
	1		3		3	
1				3		
1					4	4
						2

123)

			2			
	1	2				2
1			2		3	
1						
2	3			2		
			2			
1		2		2		1

124)

				2		1
					2	
		3			1	
				4		
2		4		3		
				4		
1				2		

125)

			0	1	1	
				4		
		2				3
		1	2	3	4	
		3				
					1	1

126)

						1
1	2			2		
					2	
3		3				1
	3	2		0	1	
		2				
1			2			

127)

				2		
1		3				2
	2			4		1
1			4		3	
	0		2	3		
		1			1	

128)

					3	
1	2	1				2
	2			2		
			3	3		2
		1				
					3	

129)

1		1				
	4					
			3	2	2	
2	4					1
		3			3	2
1						
1	2			1		1

130)

	1				1	
1						1
	2	3		3	2	
2		4		4		2

131)

			4		2	
						1
	1		2			
			0	3		
				4		
		1			3	
			3			

132)

		3		2		
1						1
	4				2	
0			2	1		2
			1		3	
				1		1

133)

			3		2	
		1				
			4			
		2		3	2	1
		3			2	
			3		2	
	2		2			1

134)

	1					1
		2	2			
	0			3		
1		4		3		
	2					2
1					2	

135)

			4			1
1			4			2
		2			3	
1			2			
		2				
			2			
			0			

136)

			3			1
1		3		4		
2			0			
		4		3		
					1	
			3	2		

137)

				1	3	
			3			
0			4			
	4			2		
		3				
		3	2	1	0	
	1					

138)

		2				
	3					
	4		2	0		
		1				
2			1			
		3		3		
2						2

139)

			2			
		0				
			4			
			4			
		3			2	
		4	3			
2				2		

140)

	1					
0		3				
			3			1
	4			2		
	3		2			
2		1			2	
				1		

141)

				2		0
		2			3	
						1
1		3				2
	0	3			1	
		3				
	1					

142)

	2	1		2		1
	3					
	2		2	4		
	2				3	
	1		4		3	
	0		1		1	

143)

	1				1	
			2	2	2	
	1					1
	3		2		2	
2		3				3
		2			2	

144)

		2				
1	1	3		2		
1			3			
			4		3	1
	2				2	
		2		3		
		1	1			1

145)

1				1		1
	3				1	
1	3		4			
					3	1
		2	4		3	
	2				2	
	2					

146)

		2		2		
						1
			3			1
2			0		1	
		4				
						0
	2				2	

147)

	1				1	
			4			1
		4		2		
					3	
		3	2			
		0		1		1

148)

			3		1	
			4	2	2	
		1			1	
			3			1
						1
		3		4		1
		1	2		1	

162

149)

				2		
					1	
		4		2		
	2	2	0			
				3	2	2
		3		2		

150)

		1	1	1		
		3		3		
		3		4		1
2			2		1	
			1			
2	3	2	1			1

7 x 7
ANSWERS

64)

		2		2	2	
1	●	●		●	●	
	3	●	4			
	1		●			
		4	●	3	0	
		●	●			
	1		2	2	●	

65)

	●	3	1			
	●		●	2		
1			3	●		
		0		●	4	●
●				2	●	2
3	●	1		1		
●	2	1				

66)

			0		●	
		2		3	●	
	●	●	2	●	2	
1			3			
			●	2	2	1
				●	4	●
				●	●	2

67)

1	2	●		1		
	●	4	●			
			●	3	0	
		2	●		3	
★		1	2	●	●	●
					4	●
					1	1

68)

		2	●		●	1
		●	2	2	1	
	3	3	3		1	
	●	●		●		
	3		4		2	
●	1		●	●		1
1	1	1	2		2	●

69)

1			1	●	●	2
●		1		2	4	●
	2	●	1		2	●
		1				1
		3				1
1	●	●	●		●	
		3		2		

70)

		1			2	2
	2	●			●	●
		●	3		●	3
		●			1	1
	4	●	3			
	●	●		★		
		2				

73)

			1		3	●
1	2			●	●	2
●	3	●		2		
		●	3			●
		●			3	3
	1	1			●	●

71)

			3		1	
		●	●	●		
1		3		4	●	
2	●		0		●	
2	●	4		3		
		●	●	●		
			3	2		

74)

1	●			●	2	●
				1		1
	2	●				
	●	3	●	2	●	1
	0	1	2	●	2	
			●	3	●	

72)

2	●	2				
	●					
			●	●	2	
			3	4	●	3
★		●	1		●	●
		1	1		3	
				1	●	1

75)

	1	●	3			
	3	4	●	●		
2	●	●	3	3		
	●	4			●	
3	●		0	2	●	
●	2					

76)

2	●					
2	●			0		●
		1			3	2
1		1	2	●	●	1
	●	1		●	4	
				●	4	
				●	●	1

79)

		●	●	3		1
●			4	●	●	1
●	2	0		●	3	1
		2		2		
1	●	●		●	1	
				1		

77)

		1			1	
	2	●	3		●	1
		●	●		2	
	3	●	4		●	1
1		●		1	2	2
	●	3	2		1	●
1		●	1			

80)

	1					1
2	●	2		1		●
●	2		●			
				4	●	1
			●	●	3	
●	2		2	2		●
2	●					1

78)

		0				
			3			
1		●	●	●		2
●	3			4	●	●
●	3	3	●	3		2
2	●	3	●			

81)

1			1			
2	●	●				
	●	3				
●	3		0		●	
●	2			4	●	3
		2	●		●	2
1	●			2		

168

82)

		●	1		1	
		3		3	●	2
1	●	●	2	●	●	
	2	3		3		
		3	●		0	
1	●		●	3		
		2	1		●	1

85)

			●	1		
●	●		1		0	
●	4				2	
1	3	●		●	●	1
	3	●	4	2		
		●	3			
	2	●	2			

83)

1	●		●	2		
1			3	●		
●		0	2	●	3	
●	3				●	2
2	●			2	●	
	1					
				★		

86)

1						
●	3		2		1	
2	●	●	3	●		2
			4	●	●	●
		0		●		
				●	3	1
				2	●	

84)

			1	●	1	
1		3		2		1
	●	●	●		1	●
		3				2
	0		1	3	●	
	2		●	3	●	
1	●	●				1

87)

	2				●	3
	●	●			●	●
	●	4	2	1	2	
		●				
		1		1		
1			2	●		
●	1		●		1	

91)

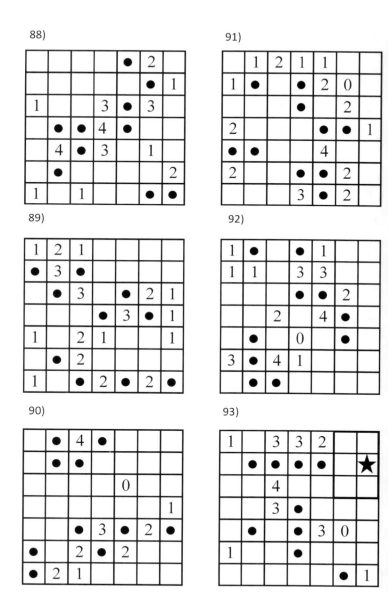

89)

92)

90)

93)

94)

1	●				●	2
	3	●			●	3
1		●	2		●	2
	●	3				
2		3	●		●	1
	●			2	1	1
1						

95)

					2	●
			2			●
	2	●	●	2		2
		●	4		●	1
		3	●	4	2	
	0		●	●		
			2	3	●	

96)

		2	●		1	
1		●	4	●		
●				●	2	
1		0	2		3	
1				●	●	2
●	1		1	3	4	●
					●	2

97)

1	●			2	●	3
			0		●	●
	2	2				
	●	●		●	2	
	3	3		1	2	●
	1	●	2		1	
			●	1		

98)

				1		
		2	4	●		
		●	●	●	2	
0	2	●	4			
		1			1	
1		1	2	3	●	
●		●	2	●	●	

99)

1		1		●		
	●	2		3		1
4	●			●	●	
●	●			2		1
2		3		1		
		●	●			
			2	2	●	

103)

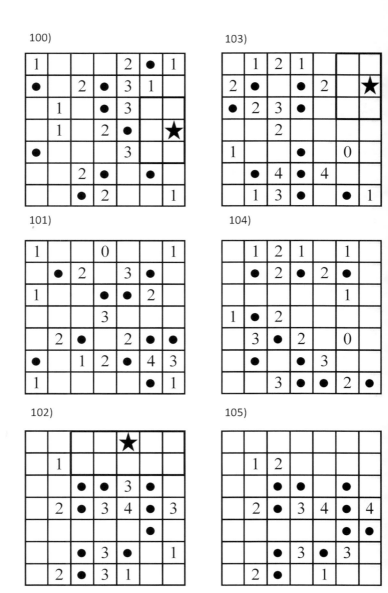

101)

102)

104)

105)

106)

	●	3	1	1		
2	●	●	3		●	
		●	3	●	4	
	1		2	2	●	●
	1					2
1	●	2	●			
	1		1			

109)

		2	●			
		●	3			
2	●	●		0		●
3	●	4			4	●
2	●			●	●	2

107)

		2	1			
	●	4	●	2		
2	4	●	●		1	
1	●	●	●	3	2	●
			4	●	3	1
		0		●		
			1			

110)

0		●				
	4	●		2	●	
●	3	●		●	3	
	2			3	●	
	1	1		●	2	
	●	1				
●	2					

108)

		1	1			
	0		●		★	
		3	●			
		●	4	●	1	
		2	●	2	2	
			3	4		●
		1	●	●	●	2

111)

2	3					
●	●	●		2		
	●	4		●	●	
	●		2	●	4	2
	1	2		3	●	
			●			

112)

	●	3	●	2		
2	●		1		●	
				4	●	3
			●	4	●	
1		2	●	4		
●			1		●	1
	1				1	

113)

				●	●	2
	0			2	4	●
	1		2	1	2	●
		●	3	●		
	1	2	●			1
2				1		●
●	●				1	

114)

		2	●			2
		●	2		●	●
		4	4		4	
	●	●	●	●	3	●
1			4	●		1
		0		1		

115)

		●	4	●		1
		●	●	3	●	
	1				1	
			0			2
2	●	3			●	●
	●	●		1		
	2		1			

116)

				1		
		1	2	●	2	
			●	4	●	
1	2	●			●	2
	●	3	2			2
	●			●	3	●
1			1		●	2

117)

0			1	1		●
		1	●			3
		1	2		●	●
				●	3	
	2	●	4			1
1	●	3	●	●	●	1
1			2			1

118)

119)

120)

121)

122)

123)

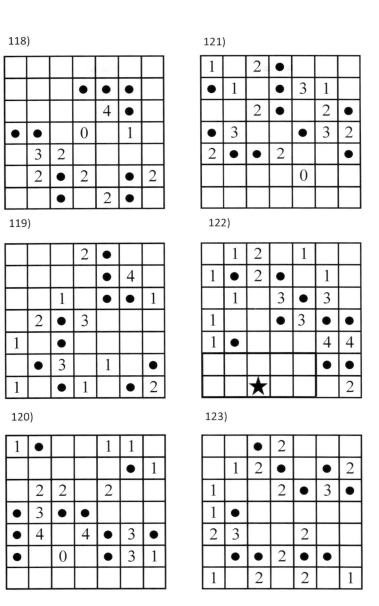

124)

				2	●	1
				●	2	
		3	●		1	
	●		●	4		
2		4	●	3	●	
	●			4		
1			●	2	●	

125)

			0	1	1	
	●			4	●	
		2	●	●	●	3
		1	2	3	4	●
		3				●
	●	●	●		1	1

126)

						1
1	2			2	●	
	●	●		●	2	
3	●	3				1
●	3	2		0	1	●
	●	2				
1		●	2	●		

127)

				2	●	
1		3	●			2
●	2	●	●	4	●	1
1			4	●	3	
				●		
	0		2	3	●	
		1	●		1	

128)

					3	●
1	2	1		●	●	2
●	2	●		2		
			3	3		2
		1	●	●	●	●
					3	
		★				

129)

1	●	1				
	4					
●	●	●	3	2	2	
2	4	●		●	●	1
		3			3	2
1	●	●			●	
1	2			1		1

130)

●	1				1	●
1						1
	2	3		3	2	
	●	●	●	●	●	
2	●	4		4	●	2
			★			

131)

		●	4	●	2	
		●		●		1
	1		2		●	
			0	3	●	
				4	●	
		1	●	●	3	
			3	●		

132)

		3	●	2		
1	●	●		●		1
	4	●			2	●
0		●	2	1		2
					●	
			1	●	3	●
				1		1

133)

			3	●	2	
		1	●	●		
			4	●		
		2	●	3	2	1
		3	●		2	●
		●	3		2	●
	2	●	2			1

134)

	1	●				1
		2	2		●	
	0		●	3		
1		4	●	3		
●	2	●	●			2
					●	●
1	●				2	

135)

		●	4	●		1
1		●	4	●	●	2
	●	2			3	●
1			2			
		2	●	●		
	●		2			
			0			

136)

139)

137)

140)

138)

141)

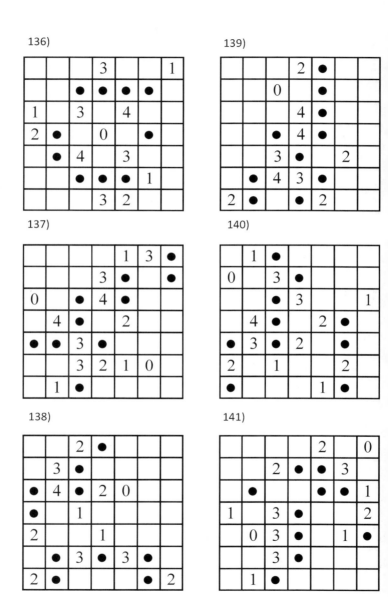

142)

●	2	1		2		1
●	3		●		●	
●	2		2	4	●	
	2			●	3	
	1	●	4	●	3	
				●		
	0		1		1	

145)

1				1	●	1
●	3	●			1	
1	3	●	4			
			●	●	3	1
		2	4	●	3	●
	2	●			2	
	2	●				

143)

	1			●	1	
		●	2	2	2	
	1				●	1
●	3	●	2		2	●
2	●	3	●		●	3
		2			2	●

146)

		2		2		
		●	●	●		1
			3		●	1
2	●		0		1	
	●	4				
	●	●		●		0
	2			●	2	

144)

		2	●			
1	1	3	●	2		
1	●		3			●
		●	4	●	3	1
	2	●		●	2	
		2	●	3		
		1	1		●	1

147)

	1				1	
		●	●	●		
		●	4			1
		4		2	●	
	●	●	●		3	●
		3	2		●	
		0		1		1

179

148)

		●	3	●	1	
		●	4	2	2	
		1		●	1	
★			3			1
		●	●		●	1
		3	●	4		1
		1	2	●	1	

150)

		1	1	1		
		3	●	3		
		●	●	●		
		3	●	4	●	1
2			2		1	
●	●	●	1			
2	3	2	1		●	1

149)

				2	●
	●	●	●		1
	●	4		2	
	2	2	0		●
	●			3	2	2
	●	3	●	2	●

Create Your Own Puzzles Here

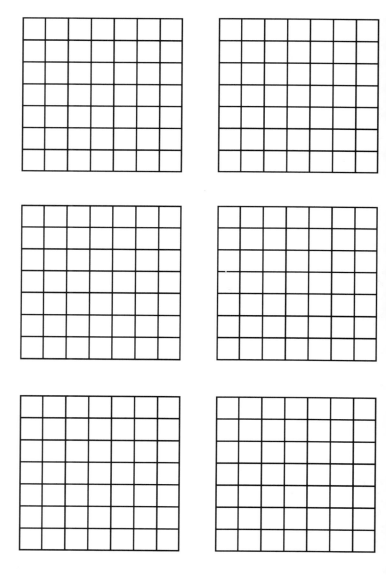

Printed in the United States
by Baker & Taylor Publisher Services